ORDONNANCE
& Placcart des Archiducqz noz Princes Souuerains, ſur le fait des monnoyes, contenant les eſpeces, pris & poidz des monnoyes d'or, d'argent & de cuyure, qui doreſenauant pourront ſeulement auoir cours es pays de leur obeyſſance.

du 21 de May 1618

EN ANVERS

Chez Hieroſme Verduſſen, Imprimeur de la monnoye de leurs Altezes Ser[mes] nos Princes Souuerains, 1618.

Auec grace & Priuilege.

Les Archiducqz.

A Noz amez & Feaulx les Gouuerneur President & Gens de noſtre Conſeil prouincial d'Arthois ſalut & dilection. Comme pour obuier aux deſordres qui iournelement aduiénent au fait des monnoyes, nous auons eſcrit à noz principaulx Conſeilz & Villes de noſtre obeyſſance, à fin de nous aduiſer des plus prompts remedes que l'on y pourroit apporter, & leſdict aduis nous eſtans renuoyez, les auons fait viſiter par ceulx de noz Conſeilz d'Eſtat, Priué & des Finances, & auſſi les Placcarts precedens publiez touchant la meſme matiere, & d'iceulx fait receuiller ce qu'à ſemblé plus conuenable, pour en ceſte conjoincture donner vng pied aſſeuré au pris deſdicts monnoyes, tant d'or que d'argent. Pource eſt il, Que voulans y pourueoir, Nous auons ordonné & ſtatué, Ordonnons & ſtatuons par ces preſentes, qu'au fait deſdites monnoyes l'on ſe reglera en tous lieux de noſtre dite obeyſſance, eſquels noſtre preſent placcart ſera publié, ſelon & en la forme ſuyuante, ſans y contreuenir, à peine de noſtre indignation, & aultres cy apres declarees.

Premierement que nuls deniers d'or n'y d'argent, n'y auront cours, ſinon ceux cy apres declarez, & au pois & pris y ſpecifié.

Monnoye d'or.

PRemierement les doubles Souuerains d'or à noz coingz & armes, pesant sept estrelins & huit as, à douze florins.

Les singles Souuerains d'or, de trois estrelins vnze as, & trois quartz, à six florins.

Le demy Souuerain d'vng estrelin & vingtsix as, à trois florins.

Les doubles tiers dudict Souuerain, de deux estrelins, huit as & vng quart, à quatre florins.

Doubles Ducatz à noz coings & armes, & ceulz d'Espaigne au mesme pied, pesans quatre estrelins dixhuit as, & vng quart, à huit florins, deux pattars.

Les fingles à l'aduenant.

Les doubles tiers defdicts doubles Ducatz de trois eftrelins, vnze as & trois quartz, à cincq florins, huit pattars.

Les fingles tiers d'iceulx, d'vng eftrelin vingt neuf as, à deux flor. quatorze pattars.

Le Real d'or de trois eſtrelins quinze as & vng quart, à ſix flor, deux pattars.

Le demy Real d'or de deux eſtrelins & neuf as trebuchant, à trois florins, vng pattar.

Le florin Carolus d'or, d'vng estrelin vintgneuf as, à deux florins.

Les Escuz d'or de pardeça de deux estrelins, sept as & demy, à trois florins, quatorze pattars.

Aultres escuz d'or à noz coings & armes du mesme poids, à trois florins, douze pattars,

Les Piſtoletz d'Eſpaigne de deux eſtrelins, ſept as trebuchant, à trois florins, douze pattars & demy.

Les doubles & de quatre à l'aduenant.

Les Eſcuz de France de deux eſtrelins, & ſept as trebuchant, à trois florins, quatorze pattars.

Les Escuz de France, à trois florins, quatorze pattars.

Les Millerez de Portugal, de cincq estrelins, à huit florins, quatre pattars.

Les demyz à l'aduenant.

Le Noble à la Rose d'Angleterre de cincq estrelins à huit florins seize pattars.

Les vieulx Angelotz d'Angleterre de trois estrelins, dix as, & deux tiers, à cincq florins, dixsept pattars.

Le Noble Henricus de quatre estrelins, & quatorze as trebuchant, à sept florins, seize pattars.

Le Iacobus d'Angleterre & Rydres forgez au mesme pied, es prouinces vnies, de six estrelins & demy, à dix florins, douze pat.

Les Rydres forgez es Prouinces vniez, dix florins, douze pattars.

Les Ducatz d'Hongerie, Boheme, & aultres forgez en Allemaigne au pied de l'Empire, pesans deux estrelins & neuf as trebuchant, à quatre florins.

Les Ducatz d'Allemaigne, quatre florins.

Boheme, quatre florins. Poloigne, quatre florins.

Les Ducatz d'Allemaigne à quatre florins.

Les doubles à l'aduenant.

Les Ducatz d'Italie de deux estrelins & huit as trebuchant, a trois florins, dixhuit pattars & demy.

Les Ducatz d'Italie, à trois florins, dixhuit pattars & demy.

Les doubles à l'aduenant.

Les Escuz d'Italie de deux estrelins & septas trebuchant, à trois florins, dix pattars.

Les Escuz d'Italie, trois florins, dix pattars.

Les Escuz d'Italie, trois florins, dix pattars.

Le florin d'or d'Allemaigne de deux estrelins, trois as, & demy trebuchant, à deux florins, dixsept pattars & demy.

Triole.

Brandenbourch.

Mayence.

Le florin d'or d'Allemaigne, deux florins, dixsept pattars & demy.

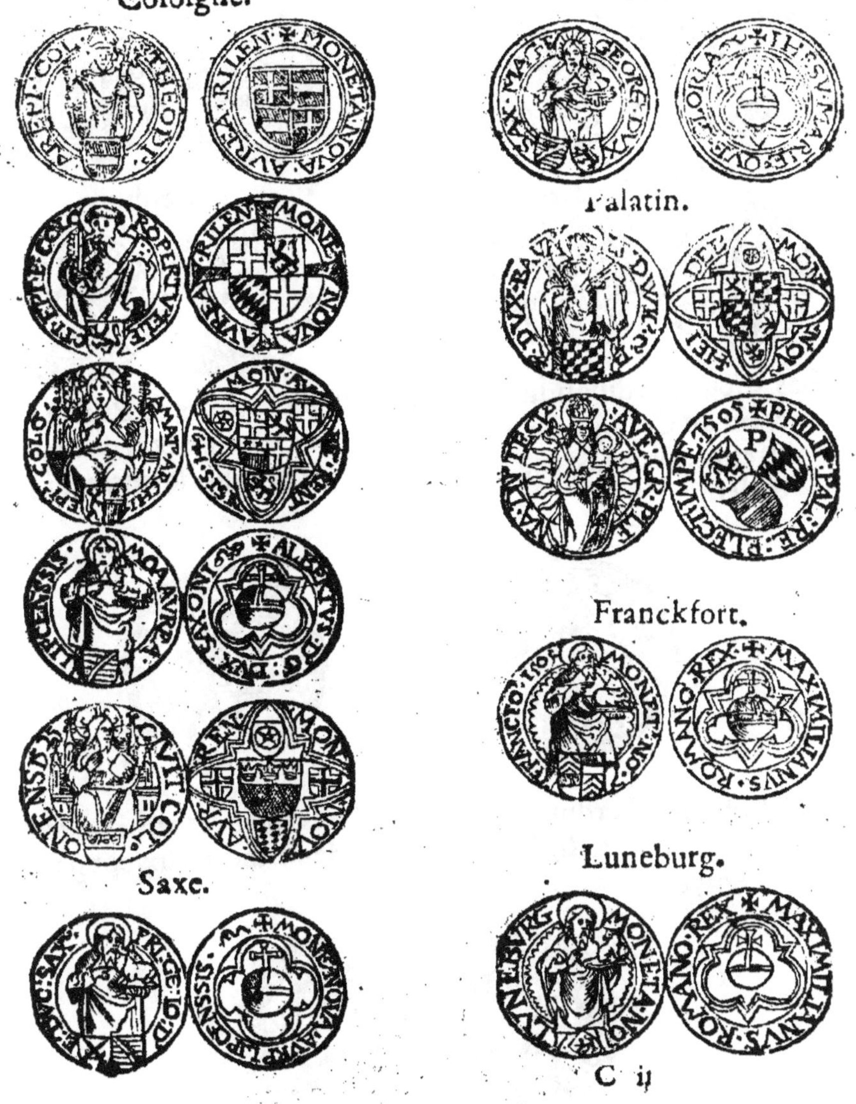

Le florin d'Allemaigne, deux florins, dixſept pattars & demy.

Palatin.

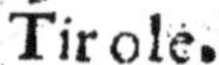

Tirole.

Ausburg.

Nurenburg.

Les Eſcuz Ferdinandus forgez aux tiltre & armes du Prince Electeur de Coloigne, Eueſque & Prince de Liege, &c. de deux eſtrelins, ſix aes, & vng tiers trebuchant, à trois florins, neuf pat. & demy.

Le Florin d'or Ferdinandus aux meſmes tiltre, & armes, de deux eſtrelins, trois as & demy, à deux florins, dixſept pattars & demy.

Monnoye d'argent.

LE nouueau Ducaton d'argent à noz coings & armes, pesant vingtvng estrelins, sept as trebuchant, au remede de huit as, à trois florins.

Les Souuerains d'argent pareillement à noz coings & armes, pesant dixhuit estrelins, & douze as au remede de six as, à deux florins, huit pattars:

Les demyz & quartz à l'aduenant.

Les pieces de six pattars, trois pattars, singles pattars, demy pattars, & liartz d'argent, forgez pareillement à noz coings & armes, à leur pris ordonnaire.

Pieces de six pattars.

Pieces de trois pattars.

Pieces d'vng pattart.

Pieces d'vng demy pattart. Pieces d'vng liart.

Les pieces de trois Reaulx à noz coings & armes de six estrelins au remede de trois as, à quinze pattars.

Les ſingles Reaulx au meſme pied & poids à l'aduenant.

Les demyz & quartz desdict Reaulx du meſme coing à l'aduenant.

Les doubles florins pareillement à noz coings & armes, de dix-ſept eſtrelins, vingtneuf as & demy, au remede de ſix as, à deux florins vng pattar.

Les ſingles Florins au meſme pied & poidz à l'aduenant.

Le Philippus Daler de vingt deux eſtrelins & treize as, au reme-de de huit as, à deux florins, douze pattars.

Le demy peſant vnze eſtrelins, ſix as & demy, au remede de qua-tre as, à vingtſix pattars.

Les cincquiesmes dudict Philippus Daler, & les dixiesmes, vingtiesmes, & quarantiesmes d'icelluy, demeureront à leur pris ordinaire.

Le cincquiesme part dix pattars.

Le dixiesme part cincq pattars.

Le vingtiesme part du Phil. iiz.p.

Le quarantiesme part vn pattart vn liart.

Comme aussi demeureront les demy florins, quartz, huitiesmes, & seiziesmes à noz coings & armes.

Le demy florin dix pattars. Le quart dudict florin cincq pattars.

Aultre demy florin de moindre alloy dix pattars.

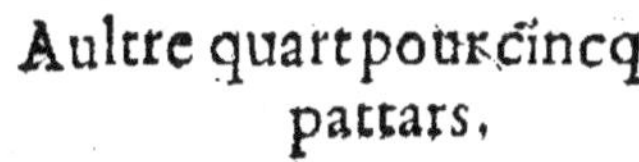

Aultre quart pour cincq pattars.

Huictiesmes dudict floring deux pattars & demy.

Le seiziesme dudict florin vng pattart, vn liart.

Le florin Carolus de quatorze estrelins trente as trebuchant, au remede de six as, à trentequatre pattars & demy.

Le Daler de Bourgoingne de l'an mille, cincqcens, soixante sept, & mille, cincqcens, soixante huit, nestant contrefait pesant dixneuf estrelins & vng as, au remede de six as, à deux florins, sept pattars.

Les vielles pieces de trois pattars forgez pardeça doiz l'an mille, cincqcens, vingt, de deux estrelins, à cincq pattars.

Les vielles pieces de trois groz forgez pardeça doiz ledict temps à deux pattars & demy.

Les vieulx pattars pareillement forgez pardeça tant au parauant ledict an mille, cincqcens, vingt, que par apres, n'estans par trop viez, à vng pattar & demy.

Les demyz à l'aduenant.

Les pieces de quatre, deux & vng pattar, forgez pardeça aux tiltre & armes de feue sa Majesté de tref haulte memoire, demeureront à leur pris ordinaire.

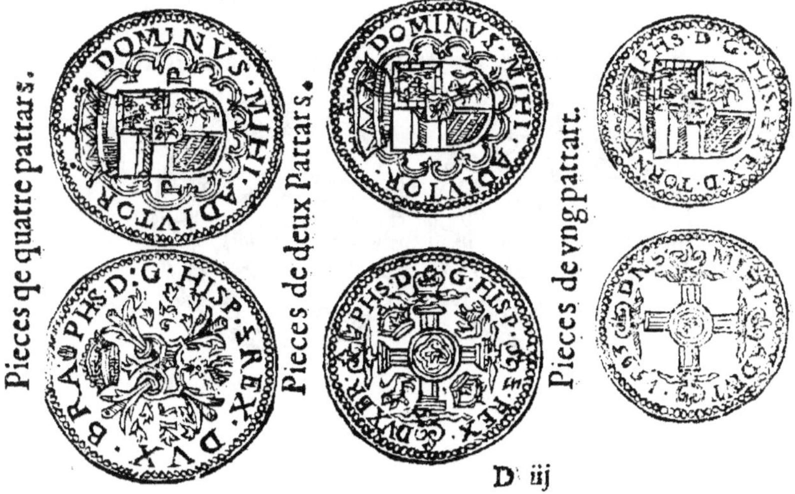

Les Reaulx d'Espaigne de huict pesans dixsept estrelins & vingt-cincq as, au remede de six as, à deux florins, six pattars.

Ceulx de quatre & de deux Reaulx à l'aduenant.

Bien entendu que ceulx forgez en Mexico auec la croix florée de semblable poids & remede se mettront seulement à deux florins, cincq solz.

Ceulx de quatre & de deux au mesme pied à l'aduenant.

Et quant aux singles & demy Reaulx d'Espaigne, pour estre la plusspart fort vsez, demeureront pareillement à leur pris ordinaire, s'ilz ne sont de moindre poids, que de deux estrelins la piece desdicts Reaulx. Et les demyz à l'aduenant. Et n'estans dudict poids sont declairez pour billon,

Comme aussi demeureront les pieces de cincq groz aux fleches forgez es Prouinces vnies, pesans pour le moins deux estrelins, trois as la piece.

Le Daler Ferdinandus aux tiltre & armes du Prince Electeur de Coloingne, Euesque & Prince de Liege, &c. auecq son effigie d'vng costé, & les armes de Bulion de l'aultre costé. Et vng aultre ausdict tiltre, ayant d'vng costé vng Lion combattant, & les armes de Bauiere, & de l'aultre lesd. armes de Bulion, pesans vnze estrelins trois as & demy, au remede de quatre as, à vingtcincq pattars.

Monnoye de Cuyure.

LEs Liarts à coings & armes de ſa Majeſté pour douze mites, & les Gigots pour ſix mites monnoye de Flandres.

Liarts & Gigotz de leurs Altezes.

Doubles Deniers de cuiure pour huit mites, & les ſingles pour quatre mites.

LE tout au remede de deux as sur les pieces d'or, & au cas qu'elles se trouuassent plus legeres, l'on ne sera tenu de les receuoir, sinon en adjoustant pour chacun as defaillant pattart & demy, faisant trois gros de nostre monnoye, & ce iusques à six as incluz tant seulement.

Declarans billon celles de moindre poids, & toutes autres cy-dessus, non specifiées.

Ordonnons à tous noz officiers, qui ont charge de faire obseruer noz ordonnances sur le fait des monnoyes, de faire punir rigoureusement les transgresseurs, sans pouuoir en aucune maniere composer ou transiger auecq eulx, encores que lesdits officiers eussent prins à ferme & à leur prouffit lesdits amendes, à peine de correction arbitraire, mesmes de priuation de leurs offices, & d'estre declarez inhabiles d'en exercer semblables, audit cas de cõposition ou de trop grande conniuence.

Et pour tant mieulx faire obseruer nostre presente ordonnance, & garder noz bons subiects de la perte & dommage qu'ilz souffrent par l'auarice insatiable des marchands & autres qui rehaussent les monnoyes, nous auons authorisé & authorisons par cestes tous nosdits officiers, quelz qu'ilz soient, pour par preuention faire les calẽges & poursuyttes des trãsgresseurs de nostredit placcart, en tous lieux & places, tant de leur districť que d'autres: Ordonnãs à tous Iuges & Gens de Loy où cela aduiendra, d'à leur calenge & poursuytte administrer briefue Iustice, & faire executer leurs sentences, tout ainsi que si telle calenge ou poursuytte eust esté faitte par l'officier du lieu, nonobstant toutes appellations, & sans prejudice d'icelles, & de toutes coustumes & preuileges au contraire.

Entendans que nosdits Officiers, Magistrats de villes & Gens de Loy de Loy ſont à ce obligez, non ſeulement par l'obeyſſance qu'ilz nous doibuent, mais auſſi en vertu du ſerment qu'ilz preſtent à leur aduenement auſdits offices & charges.

Et pour tant plus facilemēt deſcouurir ceulx qui cauſent principalement telles Rehaulces, voulons que ſi ceulx qui auront cōtreuenu à ceſte noſtre ordonnance, declarent, & que par leur moien l'on ſcache conuaincre ceulx dont ilz auront receu or ou argēt defendu, ou à plus hault pris qu'il n'eſt permis, ilz ne ſoient en ce cas point ſeulement deſchargez des amendes eſquelles ilz eſtoient tombez, mais qu'ils prouffittent en outre du tiers du denonciateur, pourueu que ladite denonciation ſe face endedens vingtquatre heures apres la reception dudit or ou argent, & que ceulx qu'ilz denonceront ſoient ſoluents pour leſdites amendes.

Voulons auſſi que ſi outre ladite denonciation & ſerment du denonciateur, l'on peut prouuer par deux ou trois teſmoins, que ledit accuſé auroit encores depuis la publication de ceſte noſtre ordonnance dōné à eulx ou à autres quelques pieces d'or ou d'argent defendues, ou à plus haut pris qu'il n'eſt permis, le dire deſdits teſmoins, ores que parlans d'actes diuers & ſinguliers, ſoit tenu pour preuue ſouffiſante, pour condamner ledit accuſé és amendes pecuniaires contenues en noſtre preſent placcart.

Permettons auſſi à tous ceulx qui voudront deferer quelqu'vn d'y auoir contreuenu, de s'adreſſer ſoit au Iuge ordinaire du lieu, ſoit à quelque ſuperieur d'icelluy, par preuention.

Et ſi le Iuge auquel ilz ſe ſeront adreſſez, ne luy adminiſtre ſommairement juſtice, ilz ſe pourront auſſi en ce cas pourueoir pardeuers ſon Superieur.

Ceulx qui donneront ou recepuront quelques eſpeces d'or ou

d'argent

d'argent non permises par nostre presente ordonnance, ou à plus haut pris, fourferont lesdites pieces, ou la valeur d'icelles, & tant celuy qui les aura presenté, que celuy qui les aura receu, seront pardessus ce pour la premiere fois condamnez au quadruple de la valeur de chacune piece, valissant vng florin ou d'auantage, & au regard de celles valissans moins de dix patars, en l'amende de vingt patars pour chacune piece, & pour la deuxiesme fois ilz seront pardessus semblable amende puniz arbitrairement & exemplairement, & s'ilz sont marchands tenans bouticques & vendās en detail, ilz seront suspenduz de leur trafficq, & leurs bouticques fermez le temps de trois mois ; & s'ilz sont marchands ou negocians en gros, seront condamnez de s'absenter de la ville de leur residence le temps d'vn an, & tous ceulx qui seront trouuez auoir contreuenu la troisiesme fois, seront pardessus ladite amende pecuniaire, banniz l'espace de cincq ans de tous les pays de nostre obeyssance.

Si quelqu'vn fust trouué auoir apporté ou fait apporter des prouinces voisines quantité notable desdites pieces declarees billon ou defendues, ou d'en auoir fait amas & les retenu en sa maison l'espace de quinze iours, sans les porter ou enuoyer en noz monnoies, ou aux changeurs sermentez pour ce ordonnez, ou sans les auoir au moings taillé en pieces, nous voulons qu'outre la perte desdites pieces & du quadruple de leur valeur, Il soit rigoreusement & exemplairement puni & chastié pour la premiere fois, & pour la deuxiesme, banni cincq ans de noz pays pardeça, outre adite peine du quadruple.

Et pour descouurir ceulx qui premiers auront amené ou apporté quelque quantité desdites pieces, tous ceulx soubs qui l'on aura trouué telles pieces, seront enquiz & examinez par serment, dont icelles luy seront venues, & ainsi de personne en personne, iusques à ce que l'on paruienne à celuy qui premier les aura apportées

portées, ou fait venir, lequel estant descouuert & souffisant pour payer les amendes pour ce deues, ceulx qui sans contrainte auront fait veritablement telles declarations, seront quittes & deschargez des peines & amendes par eulx encourues à ceste occasion.

Si noz Recepueurs ou ceulx des Estatz de noz Prouinces, Chastellenies, Villes & Communautez, ou autres officiers aians la maniance de noz deniers, ou desdits Estatz, Villes ou Communautez sont trouuez auoir contreuenu à nostredit placcart, soit en payant ou recepuant argent eulx mesmes, ou par leurs Commis, nous voulons qu'ilz ne soient point seulement condamnez és peines & amendes susdites, mais enoutre priuez de leursdits estatz & offices, & les en auons des à present pour lors priuez & priuons par ces presentes.

Declarons aussi nulles & de nulle valeur toutes constitutions & rentes, obligations ou cedules procedans de sommes fournies ou comptées en tout ou partie en deniers ou especes d'or & d'argent non permises, ou à plus haut pris que ne porte nostre permission, & que personne ne pourra rien demander en iugement ou dehors en vertu d'icelles, pourueu toutesfois que ladite exception soit proposée endedans deux ans apres la reception desdits deniers, & qu'elle se puisse deuement verifier.

Ains que celuy qui aiant ainsi receu lesdits deniers en fera declaration aux Iuges & Officiers, sera non seulement quitte & deschargé de ladite obligation, mais aussi des peines & amendes par luy pource encourues.

Et comme nous entendons à nostre tresgrand regret, que plusieurs changes se font d'vn lieu de nostre obeyssance à l'aultre, pour vng mois ou deux, que l'on dit à vso ou double vso, en payant

monnoye

monnoye defenduë, ou à plus haut pris que ne porte nostre ordonnance, que l'on dit argent courant, pour au lieu d'icelluy recepuoir argent permis, & au pris statué par noz ordonnances, par où noz subjects sont grandement interessez, signamment les necessiteux, qui n'ont moien d'attendre, Nous auons prohibé & defendu changes semblables, les declarans nuls & de nulle valeur, & que personne ne pourra en vertu ou à tiltre d'iceulx rien demander en jugement ou dehors, ains que celuy aiant receu ledit argent à pris courant, ne sera point seulement deschargé de l'obligation de le rendre, ains aussi desdites peines & amendes, pourueu qu'il allegue ce que dessus endedens deux ans apres la reception desdits deniers, demeurant celuy les ayant compté submis & obligé ausdites peines, en son regard.

Voulons en outre que nostre ordonnance faitte au mois d'Octobre mil, six cens, huyt, sur la conduitte des Orfeures au fait de leurs ouurages d'or & d'argent, soit republiée auecq les moderations & restrictions aduisées en ce regard par ceulx de noz Comptes en Brabant à l'interuention des Maistres generaulx de noz monnoies, & que le tout soit punctuelement obserué, sans y contreuenir.

Afin que noz bons subiects puissent promptement recepuoir la valeur des pieces d'or & d'argent declarées billon, les Maistres generaulx de noz monnoies feront mettre en chacune bonne ville de nosdits pays des changeurs sermentez pour recepuoir lesdites pieces defendues, ou autres legeres, dont le cours n'est par nous toleré, & en payer le iuste pris selon la taxation qui en sera faitte par lesdits generaulx, qu'ilz deburont exposer en leurs bouticques, à la veue d'vn chacun, & incontinent ciseler & tailler en deux lesdites pieces, & estans ainsi ciselées, les enuoier en nosdites monnoyes, à peine de confiscation d'icelles, & du quadruple de leurdite valeur.

Defen-

Defendons en conformité de noz ordonnances precedentes à tous noz subjects & autres de quelque qualité ou condition que ilz soient, de ronger aucuns deniers d'or ou d'argent de nostre forge ou d'autre par nous tolerez, ou de les lauer auecq eau forte, ou ciment, ou autrement diminuer leur poids, à peine de confiscation de corps & de biens.

Voulans que de mesme peine soient puniz ceulx qui seront trouuez auoir contrefait, forgé, pressé, ou jetté en sable aucune monnoie faulse de quelque coing, estoffe, ou metal que ce puisse estre, ou fait, ou fait faire sciemment aucuns instrumens à ce seruans.

Et ceulx qui auront eschillé soit és pays de nostre obeyssance, ou ailleurs, ou auront transporté, ou aidé sciemment à transporter telle monnoye faulse, seront griefuement & exemplairement puniz, selon l'exigence du cas, mesmes au corps, selon la grauité du delict.

Interdisons à toutes personnes d'achapter ou vendre aucunes especes de monnoie d'or ou d'argent permises, à peine de confiscation desdites pieces, & que tant le vendeur, que l'achapteur seront pour la premiere fois condamnez au double de la valeur desdites pieces, & pardessus ce suspenduz l'espace de six mois de leur trafficque, stil, ou mestier, & s'ilz y retombent la deuxiesme fois, ilz seront pardessus semblable confiscation desdites pieces condamnez au quadruple de ladite valeur, & en outre banniz des pays de nostre obeyssance, le temps & terme de trois ans.

Interdisons aussi à tous d'enuoier ou mener aux autres monnoies que les nostres directement ou indirectement, aucuns deniers d'or ou d'argent de nostre coing & forge, ou d'autre par nous permis, ni aucuns desdits deniers rongez ou declarez billon, fon-

duzenduz en masse ou lingots, ou autre matiere quelconque propre à former monnoie, à peine de fourfaire ledit or & argent, & de payer pardessus ce deux cens doubles ducats pour chacun marcq d'or, & vingt pour chacun marcq d'argent, & du plus ou moings à l'aduenant, & d'estre suspenduz de leur trafficq, stil, ou mestier le temps d'vn an pour la premiere fois, & pour la seconde d'estre puniz corporelement, ou banniz des pays de nostre obeyssance le temps de trois ans, selon l'exigence du cas.

Et ceulx qui sciemment auront aidé à pacquer ou transporter lesdits deniers ou matieres, seront puniz arbitrairement, soit au corps, ou par bannissement selon la qualité du fait & des personnes.

Deffendons pareillement à tous de vendre ou achapter és pays de nostre obeyssance aucunes matieres d'or ou d'argent, ou changer aucunes especes de monnoye tenues ou declarees billon, sans estre à ce authorisez par lettres & instruction desdits Maistres generaulx de noz monnoies, & sur ce auoir fait le serment requis, ny à plus haut pris que ne portent les ordonnances de nosdites monnoies, le tout à peine de confiscation des matieres ou especes ainsi achaptées ou changées, & du double de la valeur d'icelles pour la premiere fois à prendre tant sur l'achapteur que vendeur, & pour la seconde du quadruple & d'aultre correction arbitraire, sauf que les orfeures en pourront achapter ce qu'ilz en auront de besoing, pour lealement exercer leur mestier, selon & en conformité de nostre ordonnance faicte en ce Regard.

Interdisons semblablement à tous orfeures de rompre, briser, ou fondre en quantité aucunes especes de monnoie d'or ou d'argent par nous permises, sans en auoir auparauant fait aduertence au Doien, ou autre chef dudit mestier, ensemble du nom de celuy dont lesdites especes auront esté receuës, lequel Doien ou autre chef tre chef dudit meſtier ſera obligé de tenir note & Regiſtre deſdites declarations, & les exhiber auſdits Maiſtres generaulx de noz monnoies de demi an en demi an, à peine de par leſdits orfeures payer la valeur deſdits deniers par eulx ainſi briſez en quantité, ſans auoir fait ledit aduertiſſement, & en outre le quadruple d'icelle, & de par ledit Doien ou chef aiant obmis d'en tenir Registre, la ſomme de cent florins pour chacune obmiſſion.

Declarons auſſi que perſonne ne ſera tenu d'accepter en payement aucunes eſpeces d'argent n'aiant le pois contenu en noſtre preſent placcart, au remede y declaré de chacune piece reſpectiuement, ains les pourra librement rebuter, comme monnoie ne meritant d'auoir cours.

Semblablement perſonne ne ſera tenu de recepuoir les pattars & demi pattars vieux ſinon ceulx qui ſont de belle miſe, & point pour d'auantage que quattre pour cent de la ſomme dont ſe fera payement.

Pour obuier aux grands abuz qui ſe commettent au regard de la monnoie de cuyure, noſtre Intention eſt, que l'on n'en reçoiue autre que celle forgée en noz monnoies, dont les figures ſeront imprimées auec ce preſent placcart, meſmes que les liarts forgez à Boiſleducq, Maeſtricht & Ruremonde, ne ſoient tolerez ſinon en icelles villes, ou en leur diſtrict, ſans pouuoir eſtre eſchillées ailleurs.

Defendans abſolutement le cours de tous liarts & demi liarts forgez à Thoren, Emmerick, & ailleurs hors des pays de noſtre obeyſſance.

Et ſi quelqu'vn s'oubliaſt tant que d'apporter pardeça en balles, tonneaux ou autrement, notable quantité de telle monnoie

F de cuyure

de cuyure defendue, nous voulons qu'elle soit confisquée, & l'autheur condemné au decuple de la valeur d'icelle, & banni de noz pays pour cincq ans: & s'il est estranger, qu'il soit fouetté de verges & banni de nosdits pays à jamais.

Et ceulx qui donneront ou recepuront tels deniers de cuyure defenduz, payeront chacun pour chacune telle piece de cuyure vng florin d'amende pour la premiere fois, & pour la seconde, seront outre ladite amende pecuniaire corrigez arbitrairement.

Defendons à tous de faire payement de telle monnoie de cuyure en rolles ou papiers, sans les ouurir & compter, à peine de cincquante florins pour chacune contrauention, à la charge tant de celuy qui les aura receu, que de celuy qui les aura ainsi deliuré.

Afin que nostre presente ordonnance soit estroittement & punctuelement obseruée, ordonnons à tous Magistrats de villes & bourgades d'enuoier souuent aux marchez leurs Sergeans & autres Officiers de justice, afin de voir à quel pris l'or & l'argent se paye & reçoit, & de faire punir ceulx qui y excedent le pris, qu'y auons ordonné.

Authorisans lesdits Sergeans & officiers de saisir l'or & l'argent qu'ilz verront estre eschillé plus haut qu'il n'est permis, & aussi les personnes qui l'auront donné & receu si elles ne sont residentes au mésme lieu, ou si elles ne donnent promptement gaige ou caution souffisante, pour les amendes en ce cas ordonnées.

Commandons aussi à tous noz Officiers & Magistratz de noz bonnes villes, pays, & chastellenies, qu'endedens vng mois apres la publication de cestuy nostre placcart, ils & chacun d'eulx à part aduertissent les Conseils prouinciaulx & sieges Royaulx, esquels ilz ont leur Ressort, si nostredit placcart y est obserué, & les

debuoirs

debuoirs qu'ilz auront fait en ce Regard, & continuent de faire le mesme aduertissement de trois mois en trois mois.

Et si en ce que cydessus est dit, ilz estoient defaillans, ou que les desordres au fait des monnoies vinsent à ce poinct, (comme l'on a encores veu cy deuant) que publicquement aulx boucheries & marchez l'on excedast ledit pris par nous statué, en ce cas nous enuoierõs des Commissaires aux despens des villes & bourgades, esquels nous entendrons que lesdits exces se commettrõt, ou de ceux estans en loy en leurs propres & priuez noms, & aussi de noz officiers esdites places, selon que nous trouuerons l'affaire disposé.

Ordonnons semblablement aux fiscaulx de tous noz Conseils, que de trois mois en trois mois, ilz nous escriuent ce qu'ilz auront trouué par lesdites aduertences, ou d'ailleurs auront entendu touchant l'obseruation de ceste nostre ordonnance, adressant leurs lettres és mains de nostre Audiencier & premier Secretaire, qui en donnera son Recepisse, & que sans aucune conniuence ou dissimulation ils procedent contre les transgresseurs, & les facent condamner és peines & amendes sur ce ordonnées, à peine que s'ilz sont trouuez auoir vsé de conniuence ou dissimulation, ilz seront priuez de leurs offices.

Voulons aussi que noz Conseils, Magistratz, & tous autres Iuges rendent leurs sentences en conformité du present placcart, sans moderer les peines & amendes y continues, soubs quelque pretexte que ce soit, & sans auoir esgard à ce que l'on voudroit dire, qu'en aulcuns lieulx l'on y contreuiendroit publicquement.

Entendans qu'à l'adiudication des peines & amendes cydeuant declarées soit procedé sommairement & de plain, sans forme, ni figure de proces, que soient admiz en tesmoignage ceulx

 qui

qui auront receu aucunes desdites pieces defendues, que toutes sentences ou appointemens sur ce renduz soient executez, nonobstant opposition ou appellation quelconcque, & sans preiudice d'icelles, & si auant que les delinquans n'ayent moiens souffisans pour satisfaire aux amendes pecuniaires, esquels ilz seront condemnez, qu'icelles soient conuerties en punition corporele, selon l'exigence du cas,

Declairans que de toutes lesdites confiscations & amendes vng tiers sera applicqué à nostre prouffit, l'autre à l'officier qui fera la calenge ou execution, & le tiers restant au prouffit du denonciateur.

Lequel officier pourra aussi recepuoir le tiers du denonciateur, pour par ses mains luy en faire le payement, si auant qu'il ne desire d'estre cognu.

Et pour tant plus encourager nosdits Fiscaulx & officiers, & lesdits denonciateurs, à procurer l'obseruation de nosdits commandemens, Nous auons declaré & declarons, que iaçoit que les delinquans obtiendroient grace de nous ou de noz Conseils, ilz ne seront neantmoins par la deschargez des deux tiers desdites amendes par eulx encourues, & par nous laissées ausdits Fiscaulx, officiers & denonciateurs respectiuement.

Si voulons & commandons que nostre presente ordonnance soit imprimée tant en François qu'en Thiois auecq les figures de toutes lesdites pieces d'or & d'argent, & aussi celles de cuyure comme dit est cydessus, & qu'incontinent & sans delay la faciez publier par toutes les villes & lieux de nostre pays & Conté d'Arthois, ou l'on est accoustumé de faire criz & publications, & renouueller icelle publication de trois mois en trois mois, sans attendre nouuelle iussion. Et à l'entretenement & obseruation d'icelle d'icelle nostre ordonnance, procediez & faciez proceder contre les transgresseurs & desobeyssans par l'execution des peines & amendes cy dessus contenues sans port, faueur, ou dissimulation. De ce faire & qui en depend, vous dõnons plain pouuoir, authorité & mandement especial, mandons & commandons à tous qu'à vous ce faisant ilz obeyssent & entendent diligemment, Car ainsi nous plaist il. Donné en nostre ville de Bruxelles, soubs nostre contreseel cy mis en placcart, le vingtvngiesme jour de May, l'an de grace, Mil, sixcens, dixhuit. Ma.vt.

Par les Archiducqz
en leur Conseil.

Verreycken.

Et est ladite ordonnance seellée du contreseel de leurs Altezes en forme de placcart.

Semblables Placcars ont esté despeschez en langue Francoise pour Luxembourg, Haynnau. Namur, Lille, Douay & Orchies, Tournay & Tournesiz, Valenciennes & Cambray : Et en langue Thioise pour Brabant, Lembourg, Gheldres, Flandres & Malines.

Sommaire du Priuilege.

ALBERT & ISABELLA Clara Eugenia Infant d'Espaigne par la grace de Dieu Archiducqz d'Austrice, Ducqz de Bourgoingne. &c. A tous ceux qui ces presentes verront, salut. Receu auons l'humble supplication de nostre Cher & bien aimé Ierosme Verdussen, contenante, qu'il nous auroit pleu le dernier de Iuing de l'an mil six cent & sept, luy accorder noz lettres patentes de Priuilege, soubsignees par le *Comte*, & au Conseil de Brabant par *Buschere*, à la seclusion de tous aultres. A fin de pouuoir Imprimer toutes les affaires concernans noz monnoyes, auec deffence & Inhibition, à tous aultres Imprimeurs de ne les pouuoir contrefaire: & que non obstant icelles, aucuns Imprimeurs se sont aduancez de contrefaire lesdictes Eualuations & liures, dont se trouuant le suppliant souuent contrainct de pour ce soustenir diuers proces, (cause pour estre conuenablement remedié) s'est aduisé de prendre son recours vers nous. SCAVOIR FAISONS doncques que nous les choses susdictes considerees, inclinans fauorablement à la requeste & supplication dudict Ierosme Verdussen suppliant, luy auons octroyé & consenti, octroyons & consentons, en luy donnant congé & licence de grace especiale par ces presentes, qu'il puist & pourra seul, & à l'exclusion de tous aultres Imprimeurs, vendre & distribuer par tous noz pays de pardeça toutes noz causes & affaires concernans noz monnoyes, si comme eualuations, permissions, Placcartz, tollerations, liures ou liuretz, & chartes de noz deniers d'or & d'argent, aussi bien eualuez que non eualuez, auec leur poids, pris & valeur. Si auons Interdict & defendu, interdisons & defendons bien expressement, & à certes, à tous aultres Imprimeurs, tailleurs graueurs, & libraires de quelque qualité ou condition qu'ilz soyent ou pourroyét estre, iceux liures ou liuretz, permissions, Placcarts, & tollerations, ensemble, tout ce que peult aussi toucher le faict desdictes monnoyes en tout ou en partie, d'ensuyure, contrefaire, ou imprimer, ou en quelque lieu estans ensuiuiz, contrefaictz ou imprimez, de vendre, faire, ou laisser vendre iceux en noz pays de pardeça, ny lesdictes Eualuations & specifications de nosdictes monnoyes, ayans presentement cours, ou qu'ilz pourront auoir, soit à plus hault, ou plus bas pris d'Imprimer ou inserer aux Almanacqz, ny aussi les Almanacqz estans ailleurs Imprimez contenans ladicte specification ou cours de l'argent, de faire, ou laisser vendre iceux en nosditz pays de pardeça sans le consentement dudict suppliant, soit en vertu de quelque priuilege, ou consentement particulier qu'ilz ont, ou pourroient auoir des Gouuerneurs, noz Consaulx prouinciaulx, Magistratz ou d'aultres quelz qu'ilz soyent, à paine de confiscation & perte desdictz exemplaires, & pardessus ce, de trois florins Carolus d'amende pour chacun exemplaire qu'ainsi sera esté imprimé ou vendu; Applicable vn tiers à nostre prouffict, vn tiers à l'Officier, & l'aultre tiers au prouffit dudict suppliant. Si donnons en mandement à noz Treschiers & feaulx les Chief President & Gens de noz Priué & grand Consaulx, Presidens & Gens de noz Consaulx Prouinciaux à Luxemborch, Flandres, Arthois & Namur, Grand Bailly de Haynnau, & gens de nostre Conseil à Mons, Gouuerneur de Lille, Douay & Orchies, Bailly de Tournay & Tournesis, Preuost le Comte à Valenciennes. Escoute de Malines & tous aultres noz Iusticiers, Officiers & subiectz qu'il apartiendra. Que de ceste nostre presente grace permission & accord, & de tout le contenu en cestes, ilz facent, souffrent, & laissent ledict suppliant plainement iouïr, & vser sans luy faire, mectre ou donner; n'y souffrir estre faict, mis ou donné aucun obstacle, destourbier ou empeschement au contraire: Car ainsi nous plaist il. En tesmoing de ce, nous auons faict mectre nostre seel à ces presentes donné en nostre ville de Bruxelles le deuxiesme d'Octobre l'An de grace, M. DC. X.

Par les Archiducqz en leur Conseil.

Enghien.

www.ingramcontent.com/pod-product-compliance
Lightning Source LLC
LaVergne TN
LVHW010006230826
846092LV00002B/674

* 9 7 8 2 3 2 9 6 6 7 8 1 2 *